قرآنی سورتیں

(برائے حفظ)

1 سُوْرَةُ الْفَاتِحَةِ
مَكِّيَّةٌ 5

بِسْمِ اللّٰهِ الرَّحْمٰنِ الرَّحِيْمِ ○

آیاتها 7
رکوعها 1

اَلْحَمْدُ لِلّٰهِ رَبِّ الْعٰلَمِيْنَ ﴿1﴾ لا المنزل الاول ﴿1﴾

الرَّحْمٰنِ الرَّحِيْمِ ﴿2﴾ لا مٰلِكِ

يَوْمِ الدِّيْنِ ﴿3﴾ ط اِيَّاكَ نَعْبُدُ

وَاِيَّاكَ نَسْتَعِيْنُ ﴿4﴾ ط اِهْدِنَا

الصِّرَاطَ الْمُسْتَقِيْمَ ﴿5﴾ لا صِرَاطَ

الَّذِيْنَ اَنْعَمْتَ عَلَيْهِمْ لا 5/6

غَيْرِ الْمَغْضُوْبِ عَلَيْهِمْ

وَلَا الضَّآلِّيْنَ ﴿7﴾ ع ع 1 7

114 سُورَةُ النَّاسِ
مَكِّيَّةٌ 21
بِسْمِ اللهِ الرَّحْمٰنِ الرَّحِيْمِ
ایاتھا 6
رکوعھا 1

قُلْ اَعُوْذُ بِرَبِّ النَّاسِ ﴿1﴾ لا

مَلِكِ النَّاسِ ﴿2﴾ لا اِلٰهِ النَّاسِ ﴿3﴾ لا

مِنْ شَرِّ الْوَسْوَاسِ لا 5 الْخَنَّاسِ ﴿4﴾ لا صلے

الَّذِىْ يُوَسْوِسُ فِىْ صُدُوْرِ

ع 1 6 39 النَّاسِ ﴿5﴾ لا مِنَ الْجِنَّةِ وَالنَّاسِ ﴿6﴾ ع

113 سُورَةُ الْفَلَقِ
مَكِّيَّةٌ 20
بِسْمِ اللهِ الرَّحْمٰنِ الرَّحِيْمِ
ایاتھا 5
رکوعھا 1

قُلْ اَعُوْذُ بِرَبِّ الْفَلَقِ ﴿1﴾ لا

مِنْ شَرِّ مَا خَلَقَ ﴿2﴾ لا وَمِنْ

شَرِّ غَاسِقٍ اِذَا وَقَبَ ۙ﴿3﴾ وَمِنْ

شَرِّ النَّفّٰثٰتِ فِی الْعُقَدِ ۙ﴿4﴾ وَمِنْ

شَرِّ حَاسِدٍ اِذَا حَسَدَ ؑ﴿5﴾ ع 1 5 38

112 سُوْرَةُ الْاِخْلَاصِ	بِسْمِ اللّٰهِ الرَّحْمٰنِ الرَّحِيْمِ	اٰيَاتُهَا 4
مَكِّيَّةٌ 22		رُكُوْعُهَا 1

قُلْ هُوَ اللّٰهُ اَحَدٌ ۚ﴿1﴾ اَللّٰهُ

الصَّمَدُ ۚ﴿2﴾ لَمْ يَلِدْ ۙ 5 وَلَمْ يُوْلَدْ ۙ﴿3﴾

وَلَمْ يَكُنْ لَّهٗ كُفُوًا اَحَدٌ ؑ﴿4﴾ ع 1 4 37

111 سُوْرَةُ اللَّهَبِ	بِسْمِ اللّٰهِ الرَّحْمٰنِ الرَّحِيْمِ	اٰيَاتُهَا 5
مَكِّيَّةٌ 6		رُكُوْعُهَا 1

تَبَّتْ يَدَآ اَبِيْ لَهَبٍ وَّتَبَّ ؕ﴿1﴾

مَآ اَغْنٰى عَنْهُ مَالُهٗ وَمَا كَسَبَ ﴿2﴾ ط

سَيَصْلٰى نَارًا ذَاتَ لَهَبٍ ﴿3﴾ صلے ج

وَّامْرَاَتُهٗ ط حَمَّالَةَ الْحَطَبِ ﴿4﴾ ج

ع 1 5 36 فِیْ جِيْدِهَا حَبْلٌ مِّنْ مَّسَدٍ ﴿5﴾ ع

110 سُوْرَةُ النَّصْرِ | بِسْمِ اللّٰهِ الرَّحْمٰنِ الرَّحِيْمِ | اٰیاتها 3
مَدَنِيَّةٌ 114 | | رکوعها 1

اِذَا جَآءَ نَصْرُ اللّٰهِ وَالْفَتْحُ ﴿1﴾ لا

وَرَاَيْتَ النَّاسَ يَدْخُلُوْنَ فِیْ

دِيْنِ اللّٰهِ اَفْوَاجًا ﴿2﴾ لا فَسَبِّحْ

وقف النبی صلی اللہ علیہ وسلم بِحَمْدِ رَبِّكَ وَاسْتَغْفِرْهُ ط اِنَّهٗ

كَانَ تَوَّابًا ﴿3﴾ ع 1/3/35

سُورَةُ الْكٰفِرُونَ 109 مَكِّيَّةٌ 18
بِسْمِ اللّٰهِ الرَّحْمٰنِ الرَّحِيْمِ
آیاتها 6 رکوعها 1

قُلْ يٰٓاَيُّهَا الْكٰفِرُوْنَ ﴿1﴾ لَآ اَعْبُدُ
مَا تَعْبُدُوْنَ ﴿2﴾ وَلَآ اَنْتُمْ عٰبِدُوْنَ
مَآ اَعْبُدُ ﴿3﴾ وَلَآ اَنَا عَابِدٌ مَّا
عَبَدْتُّمْ ﴿4﴾ وَلَآ اَنْتُمْ عٰبِدُوْنَ مَآ
اَعْبُدُ ﴿5﴾ لَكُمْ دِيْنُكُمْ وَلِيَ دِيْنِ ﴿6﴾ ع 1/6/34

سُورَةُ الْكَوْثَرِ 108 مَكِّيَّةٌ 15
بِسْمِ اللّٰهِ الرَّحْمٰنِ الرَّحِيْمِ
آیاتها 3 رکوعها 1

اِنَّآ اَعْطَيْنٰكَ الْكَوْثَرَ ﴿1﴾ فَصَلِّ

لِرَبِّكَ وَانْحَرْ ﴿2﴾ؕ اِنَّ شَانِئَكَ

ع 1 3 33 هُوَ الْاَبْتَرُ ﴿3﴾ع

107 سُورَةُ الْمَاعُوْنِ — بِسْمِ اللّٰهِ الرَّحْمٰنِ الرَّحِيْمِ — اٰیاتها 7
مَكِّيَّةٌ 17 — رکوعها 1

اَرَءَيْتَ الَّذِيْ يُكَذِّبُ بِالدِّيْنِ ﴿1﴾ؕ

فَذٰلِكَ الَّذِيْ يَدُعُّ الْيَتِيْمَ ﴿2﴾ۙ وَلَا

يَحُضُّ عَلٰى طَعَامِ الْمِسْكِيْنِ ﴿3﴾ؕ فَوَيْلٌ

لِّلْمُصَلِّيْنَ ﴿4﴾ۙ الَّذِيْنَ هُمْ عَنْ

صَلَاتِهِمْ سَاهُوْنَ ﴿5﴾ۙ الَّذِيْنَ هُمْ

ع 1 7 32 يُرَآءُوْنَ ﴿6﴾ۙ وَيَمْنَعُوْنَ الْمَاعُوْنَ ﴿7﴾ع

سُوْرَةُ قُرَیْشٍ 106 | مَكِّيَّةٌ 29
اٰيَاتُهَا 4 | رُكُوْعُهَا 1

بِسْمِ اللّٰهِ الرَّحْمٰنِ الرَّحِيْمِ

لِاِیْلٰفِ قُرَیْشٍ ۙ﴿1﴾ اٖلٰفِهِمْ رِحْلَةَ
الشِّتَآءِ وَالصَّیْفِ ۚ﴿2﴾ فَلْیَعْبُدُوْا
رَبَّ هٰذَا الْبَیْتِ ۙ﴿3﴾ الَّذِیْٓ
اَطْعَمَهُمْ مِّنْ جُوْعٍ ۙ۵ وَّاٰمَنَهُمْ
مِّنْ خَوْفٍ ع ﴿4﴾ ع 1 4 31

سُوْرَةُ الْفِیْلِ 105 | مَكِّيَّةٌ 19
اٰيَاتُهَا 5 | رُكُوْعُهَا 1

بِسْمِ اللّٰهِ الرَّحْمٰنِ الرَّحِيْمِ

اَلَمْ تَرَ كَیْفَ فَعَلَ رَبُّكَ
بِاَصْحٰبِ الْفِیْلِ ؕ﴿1﴾ اَلَمْ یَجْعَلْ

كَيۡدَهُمۡ فِىۡ تَضۡلِيۡلٍۙ ﴿2﴾ وَّاَرۡسَلَ

عَلَيۡهِمۡ طَيۡرًا اَبَابِيۡلَۙ ﴿3﴾ تَرۡمِيۡهِمۡ

بِحِجَارَةٍ مِّنۡ سِجِّيۡلٍ ۙ ﴿4﴾ فَجَعَلَهُمۡ

ع 1/5/30 كَعَصۡفٍ مَّاۡكُوۡلٍ ﴿5﴾

104 سُوۡرَةُ الهُمَزَة مَكِّيَّة 32 | بِسۡمِ اللّٰهِ الرَّحۡمٰنِ الرَّحِيۡمِ | اٰياتها 9 ركوعها 1

وَيۡلٌ لِّكُلِّ هُمَزَةٍ لُّمَزَةِ ۙ ﴿1﴾ الَّذِىۡ

جَمَعَ مَالًا وَّعَدَّدَهٗ ۙ ﴿2﴾ يَحۡسَبُ اَنَّ

مَالَهٗۤ اَخۡلَدَهٗ ۚ ﴿3﴾ كَلَّا لَيُنۡۢبَذَنَّ

فِى الۡحُطَمَةِ ۖ ﴿4﴾ وَمَاۤ اَدۡرٰٮكَ مَا

الْحُطَمَةُ ؕ ۝5 نَارُ اللّٰهِ الْمُوْقَدَةُ ۙ ۝6

الَّتِيْ تَطَّلِعُ عَلَى الْاَفْـِٕدَةِ ؕ ۝7

اِنَّهَا عَلَيْهِمْ مُّؤْصَدَةٌ ۙ ۝8 فِيْ

عَمَدٍ مُّمَدَّدَةٍ ۝9 ع 1 ع 9 29

سُوْرَةُ الْعَصْرِ 103 بِسْمِ اللّٰهِ الرَّحْمٰنِ الرَّحِيْمِ اٰیاتها 3

مَكِّيَّةٌ 13 رکوعها 1

وَالْعَصْرِ ۙ ۝1 اِنَّ الْاِنْسَانَ لَفِيْ

خُسْرٍ ۙ ۝2 اِلَّا الَّذِيْنَ اٰمَنُوْا وَعَمِلُوا

الصّٰلِحٰتِ وَتَوَاصَوْا بِالْحَقِّ ۙ 5

وَتَوَاصَوْا بِالصَّبْرِ ۝3 ع 1 ع 3 28

102 سُوْرَۃُ التَّکَاثُرِ — مَکِّیَّۃٌ 16

بِسْمِ اللّٰهِ الرَّحْمٰنِ الرَّحِيْمِ

اٰیاتھا 8 — رکوعھا 1

اَلْهٰكُمُ التَّكَاثُرُ ۙ (1) حَتّٰى زُرْتُمُ الْمَقَابِرَ ؕ (2)

كَلَّا سَوْفَ تَعْلَمُوْنَ ۙ (3) ثُمَّ كَلَّا

سَوْفَ تَعْلَمُوْنَ ؕ (4) كَلَّا لَوْ تَعْلَمُوْنَ

عِلْمَ الْيَقِيْنِ ؕ (5) لَتَرَوُنَّ الْجَحِيْمَ ۙ (6)

ثُمَّ لَتَرَوُنَّهَا عَيْنَ الْيَقِيْنِ ۙ (7)

ع 1/8/27 ثُمَّ لَتُسْـَٔلُنَّ يَوْمَئِذٍ عَنِ النَّعِيْمِ ع (8)

101 سُوْرَۃُ الْقَارِعَۃِ — مَکِّیَّۃٌ 30

بِسْمِ اللّٰهِ الرَّحْمٰنِ الرَّحِيْمِ

اٰیاتھا 11 — رکوعھا 1

اَلْقَارِعَةُ ۙ (1) مَا الْقَارِعَةُ ۚ (2) وَمَآ اَدْرٰىكَ

مَا الْقَارِعَةُ ۗ ﴿3﴾ يَوْمَ يَكُوْنُ النَّاسُ

كَالْفَرَاشِ الْمَبْثُوْثِ ۙ ﴿4﴾ وَتَكُوْنُ

الْجِبَالُ كَالْعِهْنِ الْمَنْفُوْشِ ۗ ﴿5﴾ فَاَمَّا

مَنْ ثَقُلَتْ مَوَازِيْنُهٗ ۙ ﴿6﴾ فَهُوَ فِيْ

عِيْشَةٍ رَّاضِيَةٍ ۗ ﴿7﴾ وَاَمَّا مَنْ

خَفَّتْ مَوَازِيْنُهٗ ۙ ﴿8﴾ فَاُمُّهٗ هَاوِيَةٌ ۗ ﴿9﴾

وَمَآ اَدْرٰىكَ مَاهِيَهْ ۗ ﴿10﴾ نَارٌ حَامِيَةٌ ۧ ﴿11﴾ ع 1 11/26

100 سُوْرَۃُ الْعٰدِيٰتِ	بِسْمِ اللّٰهِ الرَّحْمٰنِ الرَّحِيْمِ	اٰیاتھا 11
مَكِّيَّةٌ 14		رکوعھا 1

وَالْعٰدِيٰتِ ضَبْحًا ۙ ﴿1﴾ فَالْمُوْرِيٰتِ

قَدۡحًا ۙ﴿2﴾ فَالۡمُغِيۡرٰتِ صُبۡحًا ۙ﴿3﴾

فَاَثَرۡنَ بِهٖ نَقۡعًا ۙ﴿4﴾ فَوَسَطۡنَ

بِهٖ جَمۡعًا ۙ﴿5﴾ اِنَّ الۡاِنۡسَانَ لِرَبِّهٖ

لَكَنُوۡدٌ ۚ﴿6﴾ وَاِنَّهٗ عَلٰى ذٰلِكَ

لَشَهِيۡدٌ ۚ﴿7﴾ وَاِنَّهٗ لِحُبِّ الۡخَيۡرِ

لَشَدِيۡدٌ ؕ﴿8﴾ اَفَلَا يَعۡلَمُ اِذَا

بُعۡثِرَ مَا فِى الۡقُبُوۡرِ ۙ﴿9﴾ وَحُصِّلَ

مَا فِى الصُّدُوۡرِ ۙ﴿10﴾ اِنَّ رَبَّهُمۡ

ع 1 11 25 بِهِمۡ يَوۡمَئِذٍ لَّخَبِيۡرٌ ع﴿11﴾

99 سُوۡرَةُ الزِّلۡزَالِ

مَدَنِيَّةٌ 93

بِسۡمِ اللّٰهِ الرَّحۡمٰنِ الرَّحِيۡمِ

ایاتھا 8

رکوعھا 1

اِذَا زُلۡزِلَتِ الۡاَرۡضُ زِلۡزَالَهَا ۙ﴿1﴾

وَ اَخۡرَجَتِ الۡاَرۡضُ اَثۡقَالَهَا ۙ﴿2﴾ وَ قَالَ

الۡاِنۡسَانُ مَا لَهَا ۚ﴿3﴾ يَوۡمَئِذٍ تُحَدِّثُ

اَخۡبَارَهَا ؕ﴿4﴾ بِاَنَّ رَبَّكَ اَوۡحٰى لَهَا ؕ﴿5﴾

يَوۡمَئِذٍ يَّصۡدُرُ النَّاسُ اَشۡتَاتًا ۙ 5

لِّيُرَوۡا اَعۡمَالَهُمۡ ؕ﴿6﴾ فَمَنۡ يَّعۡمَلۡ

مِثۡقَالَ ذَرَّةٍ خَيۡرًا يَّرَهٗ ؕ﴿7﴾ وَمَنۡ

يَّعۡمَلۡ مِثۡقَالَ ذَرَّةٍ شَرًّا يَّرَهٗ ع ﴿8﴾ ع 1 8 24

98 سُوْرَةُ الْبَيِّنَةِ | بِسْمِ اللّٰهِ الرَّحْمٰنِ الرَّحِيْمِ | ایاتھا 8

مَدَنِيَّةٌ 100 | | رکوعھا 1

لَمْ يَكُنِ الَّذِيْنَ كَفَرُوْا مِنْ

اَهْلِ الْكِتٰبِ وَالْمُشْرِكِيْنَ مُنْفَكِّيْنَ

حَتّٰى تَاْتِيَهُمُ الْبَيِّنَةُ ۙ ﴿1﴾ رَسُوْلٌ

مِّنَ اللّٰهِ يَتْلُوْا صُحُفًا مُّطَهَّرَةً ۙ ﴿2﴾

فِيْهَا كُتُبٌ قَيِّمَةٌ ؕ ﴿3﴾ وَمَا تَفَرَّقَ

الَّذِيْنَ اُوْتُوا الْكِتٰبَ اِلَّا مِنْۢ

بَعْدِ مَا جَآءَتْهُمُ الْبَيِّنَةُ ؕ ﴿4﴾ وَمَآ

اُمِرُوْۤا اِلَّا لِيَعْبُدُوا اللّٰهَ مُخْلِصِيْنَ

لَهُ الدِّيْنَ ۙ5 حُنَفَآءَ وَيُقِيْمُوا الصَّلٰوةَ

وَيُؤْتُوا الزَّكٰوةَ وَذٰلِكَ دِيْنُ

الْقَيِّمَةِ ؕ﴿5﴾ اِنَّ الَّذِيْنَ كَفَرُوْا مِنْ

اَهْلِ الْكِتٰبِ وَالْمُشْرِكِيْنَ فِيْ نَارِ

جَهَنَّمَ خٰلِدِيْنَ فِيْهَا ؕ اُولٰٓئِكَ هُمْ

شَرُّ الْبَرِيَّةِ ؕ﴿6﴾ اِنَّ الَّذِيْنَ اٰمَنُوْا

وَعَمِلُوا الصّٰلِحٰتِ ۙ اُولٰٓئِكَ هُمْ

خَيْرُ الْبَرِيَّةِ ؕ﴿7﴾ جَزَآؤُهُمْ عِنْدَ

رَبِّهِمْ جَنّٰتُ عَدْنٍ تَجْرِيْ مِنْ

تَحْتِهَا الْاَنْهٰرُ خٰلِدِيْنَ فِيْهَآ

اَبَدًا ؕ رَضِيَ اللّٰهُ عَنْهُمْ وَرَضُوْا

ع 1 8 23 عَنْهُ ؕ ذٰلِكَ لِمَنْ خَشِيَ رَبَّهٗ ﴿8﴾ ع

97 سُوْرَةُ الْقَدْرِ — مَكِّيَّةٌ 25 — اٰياتها 5 — ركوعها 1

بِسْمِ اللّٰهِ الرَّحْمٰنِ الرَّحِيْمِ

اِنَّآ اَنْزَلْنٰهُ فِيْ لَيْلَةِ الْقَدْرِ ﴿1﴾ ۚۖ

وَمَآ اَدْرٰىكَ مَا لَيْلَةُ الْقَدْرِ ﴿2﴾ ؕ

وقف النبی صلی اللہ علیہ وسلم لَيْلَةُ الْقَدْرِ ۙ 5 خَيْرٌ مِّنْ اَلْفِ شَهْرٍ ﴿3﴾ ؕ

تَنَزَّلُ الْمَلٰٓئِكَةُ وَالرُّوْحُ فِيْهَا

معانقة 18 بِاِذْنِ رَبِّهِمْ ۚ مِنْ كُلِّ اَمْرٍ ﴿4﴾ ۛ لا سَلٰمٌ ۛ قف

هِيَ حَتّٰى مَطْلَعِ الْفَجْرِ ۝5 ع

ع 1 5 22

96 سُوْرَةُ الْعَلَقِ
مَكِّيَّةٌ 1

بِسْمِ اللّٰهِ الرَّحْمٰنِ الرَّحِيْمِ

اٰياتها 19
ركوعها 1

اِقْرَاْ بِاسْمِ رَبِّكَ الَّذِيْ خَلَقَ ۝1 ج
خَلَقَ الْاِنْسَانَ مِنْ عَلَقٍ ۝2 ج اِقْرَاْ
وَرَبُّكَ الْاَكْرَمُ ۝3 لا الَّذِيْ عَلَّمَ بِالْقَلَمِ ۝4 لا
عَلَّمَ الْاِنْسَانَ مَا لَمْ يَعْلَمْ ۝5 ط كَلَّآ
اِنَّ الْاِنْسَانَ لَيَطْغٰٓى ۝6 لا اَنْ رَّاٰهُ
اسْتَغْنٰى ۝7 ط اِنَّ اِلٰى رَبِّكَ الرُّجْعٰى ۝8 ط
اَرَءَيْتَ الَّذِيْ يَنْهٰى ۝9 لا عَبْدًا اِذَا

صَلّٰیؕ ﴿10﴾ اَرَءَیۡتَ اِنۡ كَانَ عَلَی

الۡهُدٰۤی ﴿11﴾ اَوۡ اَمَرَ بِالتَّقۡوٰیؕ ﴿12﴾ اَرَءَیۡتَ

اِنۡ كَذَّبَ وَتَوَلّٰیؕ ﴿13﴾ اَلَمۡ یَعۡلَمۡ

بِاَنَّ اللّٰهَ یَرٰیؕ ﴿14﴾ كَلَّا لَئِنۡ لَّمۡ

یَنۡتَهِ ۙ۬ 5 لَنَسۡفَعًۢا بِالنَّاصِیَةِ ۙ ﴿15﴾ نَاصِیَةٍ

كَاذِبَةٍ خَاطِئَةٍ ۚ ﴿16﴾ فَلۡیَدۡعُ نَادِیَهٗ ۙ ﴿17﴾

سَنَدۡعُ الزَّبَانِیَةَ ۙ ﴿18﴾ كَلَّا ؕ لَا تُطِعۡهُ

ع 1 19/21 السجدة 14 وَاسۡجُدۡ وَاقۡتَرِبۡ ۩ السجدة ع ﴿19﴾

95 سُوۡرَةُ التِّیۡنِ مَكِّیَّةٌ 28 | بِسۡمِ اللّٰهِ الرَّحۡمٰنِ الرَّحِیۡمِ | اٰیاتها 8 رکوعها 1

وَالتِّيْنِ وَالزَّيْتُوْنِ ۙ﴿1﴾ وَطُوْرِ سِيْنِيْنَ ۙ﴿2﴾
وَهٰذَا الْبَلَدِ الْاَمِيْنِ ۙ﴿3﴾ لَقَدْ
خَلَقْنَا الْاِنْسَانَ فِيْٓ اَحْسَنِ تَقْوِيْمٍ ۟ ﴿4﴾
ثُمَّ رَدَدْنٰهُ اَسْفَلَ سٰفِلِيْنَ ۙ﴿5﴾ اِلَّا
الَّذِيْنَ اٰمَنُوْا وَعَمِلُوا الصّٰلِحٰتِ
فَلَهُمْ اَجْرٌ غَيْرُ مَمْنُوْنٍ ؕ﴿6﴾ فَمَا
يُكَذِّبُكَ بَعْدُ بِالدِّيْنِ ؕ﴿7﴾ اَلَيْسَ
اللّٰهُ بِاَحْكَمِ الْحٰكِمِيْنَ ۧ﴿8﴾ ع 1/8/20

94 سُوْرَةُ اَلَمْ نَشْرَحْ مَكِّيَّةٌ 12 | بِسْمِ اللّٰهِ الرَّحْمٰنِ الرَّحِيْمِ | اٰياتها 8 ركوعها 1

اَلَمْ نَشْرَحْ لَكَ صَدْرَكَ ۙ﴿1﴾ وَوَضَعْنَا

عَنْكَ وِزْرَكَ ۙ﴿2﴾ الَّذِیْٓ اَنْقَضَ

ظَهْرَكَ ۙ﴿3﴾ وَرَفَعْنَا لَكَ ذِكْرَكَ ؕ﴿4﴾

فَاِنَّ مَعَ الْعُسْرِ یُسْرًا ۙ﴿5﴾ اِنَّ

مَعَ الْعُسْرِ یُسْرًا ؕ﴿6﴾ فَاِذَا فَرَغْتَ

فَانْصَبْ ۙ﴿7﴾ وَاِلٰى رَبِّكَ فَارْغَبْ ع﴿8﴾ ع 1 8 19

93 سُوْرَۃُ الضُّحٰی مَکِّیَّۃٌ 11 | بِسْمِ اللّٰهِ الرَّحْمٰنِ الرَّحِیْمِ | ایاتها 11 رکوعها 1

وَالضُّحٰى ۙ﴿1﴾ وَالَّیْلِ اِذَا سَجٰى ۙ﴿2﴾ مَا

وَدَّعَكَ رَبُّكَ وَمَا قَلٰى ؕ﴿3﴾ وَلَلْاٰخِرَةُ

خَيْرٌ لَّكَ مِنَ الْاُوْلٰى ﴿4﴾ وَلَسَوْفَ

يُعْطِيْكَ رَبُّكَ فَتَرْضٰى ﴿5﴾ اَلَمْ

يَجِدْكَ يَتِيْمًا فَاٰوٰى ﴿6﴾ وَوَجَدَكَ

ضَآلًّا فَهَدٰى ﴿7﴾ وَوَجَدَكَ عَآئِلًا

فَاَغْنٰى ﴿8﴾ فَاَمَّا الْيَتِيْمَ فَلَا تَقْهَرْ ﴿9﴾

وَاَمَّا السَّآئِلَ فَلَا تَنْهَرْ ﴿10﴾ وَاَمَّا

بِنِعْمَةِ رَبِّكَ فَحَدِّثْ ﴿11﴾ ع 1 11 18

92 سُوْرَةُ الَّيْلِ مَكِّيَّةٌ 9

بِسْمِ اللّٰهِ الرَّحْمٰنِ الرَّحِيْمِ

اٰياتها 21 ركوعها 1

وَالَّيْلِ اِذَا يَغْشٰى ﴿1﴾ وَالنَّهَارِ اِذَا

تَجَلّٰى (2) وَمَا خَلَقَ الذَّكَرَ وَالْاُنْثٰۤى (3)
اِنَّ سَعْيَكُمْ لَشَتّٰى (4) فَاَمَّا مَنْ
اَعْطٰى وَاتَّقٰى (5) وَصَدَّقَ بِالْحُسْنٰى (6)
فَسَنُيَسِّرُهٗ لِلْيُسْرٰى (7) وَاَمَّا مَنْۢ بَخِلَ
وَاسْتَغْنٰى (8) وَكَذَّبَ بِالْحُسْنٰى (9)
فَسَنُيَسِّرُهٗ لِلْعُسْرٰى (10) وَمَا يُغْنِيْ عَنْهُ
مَالُهٗۤ اِذَا تَرَدّٰى (11) اِنَّ عَلَيْنَا
لَلْهُدٰى (12) وَاِنَّ لَنَا لَلْاٰخِرَةَ وَالْاُوْلٰى (13)
فَاَنْذَرْتُكُمْ نَارًا تَلَظّٰى (14) لَا يَصْلٰىهَاۤ

اِلَّا الۡاَشۡقَیۡ ﴿15﴾ الَّذِیۡ كَذَّبَ وَ تَوَلّٰیؕ ﴿16﴾

وَ سَیُجَنَّبُهَا الۡاَتۡقَیۡ ﴿17﴾ الَّذِیۡ یُؤۡتِیۡ

مَالَهٗ یَتَزَكّٰیۚ ﴿18﴾ وَ مَا لِاَحَدٍ عِنۡدَهٗ

مِنۡ نِّعۡمَةٍ تُجۡزٰۤیۙ ﴿19﴾ اِلَّا ابۡتِغَآءَ

وَجۡهِ رَبِّهِ الۡاَعۡلٰیۚ ﴿20﴾ وَ لَسَوۡفَ یَرۡضٰیؑ ﴿21﴾ ع 1 21/17

91 سُوۡرَةُ الشَّمۡسِ مَكِّیَّةٌ 26 — بِسۡمِ اللّٰهِ الرَّحۡمٰنِ الرَّحِیۡمِ — ایاتها 15 رکوعها 1

وَ الشَّمۡسِ وَ ضُحٰىهَا ۙ﴿1﴾ وَ الۡقَمَرِ اِذَا

تَلٰىهَا ۙ﴿2﴾ وَ النَّهَارِ اِذَا جَلّٰىهَا ۙ﴿3﴾

وَ الَّیۡلِ اِذَا یَغۡشٰىهَا ۙ﴿4﴾ وَ السَّمَآءِ وَ مَا

بَنٰىهَا ۙ﴿5﴾ وَ الۡاَرۡضِ وَ مَا طَحٰىهَا ۙ﴿6﴾
وَ نَفۡسٍ وَّ مَا سَوّٰىهَا ۙ﴿7﴾ فَاَلۡهَمَهَا
فُجُوۡرَهَا وَ تَقۡوٰىهَا ۙ﴿8﴾ قَدۡ اَفۡلَحَ
مَنۡ زَكّٰىهَا ۙ﴿9﴾ وَ قَدۡ خَابَ مَنۡ
دَسّٰىهَا ؕ﴿10﴾ كَذَّبَتۡ ثَمُوۡدُ بِطَغۡوٰىهَاۤ ۙ﴿11﴾
اِذِ انۡۢبَعَثَ اَشۡقٰىهَا ۙ﴿12﴾ فَقَالَ لَهُمۡ
رَسُوۡلُ اللّٰهِ نَاقَةَ اللّٰهِ وَ سُقۡيٰهَا ؕ﴿13﴾
فَكَذَّبُوۡهُ فَعَقَرُوۡهَا ۙ 5 فَدَمۡدَمَ عَلَيۡهِمۡ
رَبُّهُمۡ بِذَنۡۢبِهِمۡ فَسَوّٰىهَا ۙ﴿14﴾ وَ لَا

يَخَافُ عُقْبٰهَا ﴿15﴾ ع

ع 1 15/16

90 سُوْرَةُ الْبَلَدِ مَكِّيَّةٌ 35

بِسْمِ اللّٰهِ الرَّحْمٰنِ الرَّحِيْمِ

اٰيَاتُهَا 20 رُكُوْعُهَا 1

لَآ اُقْسِمُ بِهٰذَا الْبَلَدِ ﴿1﴾ لا وَاَنْتَ
حِلٌّۢ بِهٰذَا الْبَلَدِ ﴿2﴾ لا وَوَالِدٍ وَّمَا
وَلَدَ ﴿3﴾ لا لَقَدْ خَلَقْنَا الْاِنْسَانَ فِيْ
كَبَدٍ ﴿4﴾ ط اَيَحْسَبُ اَنْ لَّنْ يَّقْدِرَ
عَلَيْهِ اَحَدٌ ﴿5﴾ م يَقُوْلُ اَهْلَكْتُ مَالًا وقف لازم
لُّبَدًا ﴿6﴾ ط اَيَحْسَبُ اَنْ لَّمْ يَرَهٗٓ
اَحَدٌ ﴿7﴾ ط اَلَمْ نَجْعَلْ لَّهٗ عَيْنَيْنِ ﴿8﴾ لا

وَلِسَانًا وَّشَفَتَيۡنِۙ ﴿9﴾ وَهَدَيۡنٰهُ
النَّجۡدَيۡنِۚ ﴿10﴾ فَلَا اقۡتَحَمَ الۡعَقَبَةَ ۖ ﴿11﴾
وَمَاۤ اَدۡرٰٮكَ مَا الۡعَقَبَةُ ؕ ﴿12﴾ فَكُّ
رَقَبَةٍ ۙ ﴿13﴾ اَوۡ اِطۡعٰمٌ فِىۡ يَوۡمٍ ذِىۡ
مَسۡغَبَةٍ ۙ ﴿14﴾ يَّتِيۡمًا ذَا مَقۡرَبَةٍ ۙ ﴿15﴾ اَوۡ
مِسۡكِيۡنًا ذَا مَتۡرَبَةٍ ؕ ﴿16﴾ ثُمَّ كَانَ
مِنَ الَّذِيۡنَ اٰمَنُوۡا وَتَوَاصَوۡا
بِالصَّبۡرِ وَتَوَاصَوۡا بِالۡمَرۡحَمَةِ ؕ ﴿17﴾
اُولٰۤٮِٕكَ اَصۡحٰبُ الۡمَيۡمَنَةِ ؕ ﴿18﴾ وَالَّذِيۡنَ

كَفَرُوْا بِاٰيٰتِنَا هُمْ اَصْحٰبُ

الْمَشْـَٔمَةِ ۭ (19) عَلَيْهِمْ نَارٌ مُّؤْصَدَةٌ (20) ع

ع 1 20 15

89 سُوْرَةُ الْفَجْرِ مَكِّيَّةٌ 10 | بِسْمِ اللّٰهِ الرَّحْمٰنِ الرَّحِيْمِ | اٰياتها 30 رکوعها 1

وَالْفَجْرِ ۙ (1) وَلَيَالٍ عَشْرٍ ۙ (2) وَّالشَّفْعِ

وَالْوَتْرِ ۙ (3) وَالَّيْلِ اِذَا يَسْرِ ۚ (4) هَلْ

فِيْ ذٰلِكَ قَسَمٌ لِّذِيْ حِجْرٍ ۭ (5) اَلَمْ

تَرَ كَيْفَ فَعَلَ رَبُّكَ بِعَادٍ ۖ (6) اِرَمَ

ذَاتِ الْعِمَادِ ۖ (7) الَّتِيْ لَمْ يُخْلَقْ

مِثْلُهَا فِي الْبِلَادِ ۖ (8) وَثَمُوْدَ الَّذِيْنَ

جَابُوا الصَّخْرَ بِالْوَادِ ﴿9﴾ صلے وَفِرْعَوْنَ ذِي
الْأَوْتَادِ ﴿10﴾ صلے الَّذِينَ طَغَوْا فِي الْبِلَادِ ﴿11﴾ صلے
فَأَكْثَرُوا فِيهَا الْفَسَادَ ﴿12﴾ صلے فَصَبَّ
عَلَيْهِمْ رَبُّكَ سَوْطَ عَذَابٍ ﴿13﴾ ج لا إِنَّ
رَبَّكَ لَبِالْمِرْصَادِ ﴿14﴾ ط فَأَمَّا الْإِنْسَانُ
إِذَا مَا ابْتَلَاهُ رَبُّهُ فَأَكْرَمَهُ
وَنَعَّمَهُ 5 لا فَيَقُولُ رَبِّي أَكْرَمَنِ ﴿15﴾ ط
وَأَمَّا إِذَا مَا ابْتَلَاهُ فَقَدَرَ عَلَيْهِ
رِزْقَهُ 5 لا فَيَقُولُ رَبِّي أَهَانَنِ ﴿16﴾ ج

كَلَّا بَل لَّا تُكْرِمُونَ الْيَتِيمَ ﴿17﴾

وَلَا تَحَآضُّونَ عَلٰى طَعَامِ الْمِسْكِينِ ﴿18﴾

وَتَأْكُلُونَ التُّرَاثَ أَكْلًا لَّمًّا ﴿19﴾

وَّتُحِبُّونَ الْمَالَ حُبًّا جَمًّا ﴿20﴾ كَلَّآ

إِذَا دُكَّتِ الْأَرْضُ دَكًّا دَكًّا ﴿21﴾ وَّجَآءَ

رَبُّكَ وَالْمَلَكُ صَفًّا صَفًّا ﴿22﴾ وَجِايْٓءَ

يَوْمَئِذٍۭ بِجَهَنَّمَ يَوْمَئِذٍ يَّتَذَكَّرُ

الْإِنسَانُ وَأَنّٰى لَهُ الذِّكْرٰى ﴿23﴾ يَقُولُ

يٰلَيْتَنِي قَدَّمْتُ لِحَيَاتِي ﴿24﴾ فَيَوْمَئِذٍ

لَّا يُعَذِّبُ عَذَابَهٗٓ اَحَدٌ ﴿25﴾ لا وَّلَا

يُوْثِقُ وَثَاقَهٗٓ اَحَدٌ ﴿26﴾ ط يٰٓاَيَّتُهَا

النَّفْسُ الْمُطْمَئِنَّةُ ﴿27﴾ قلے ارْجِعِيْٓ اِلٰى

رَبِّكِ رَاضِيَةً مَّرْضِيَّةً ﴿28﴾ ج فَادْخُلِيْ

فِيْ عِبٰدِيْ ﴿29﴾ لا وَادْخُلِيْ جَنَّتِيْ ﴿30﴾ ع ع 1 30 14

88 سُوْرَةُ الْغَاشِيَةِ — بِسْمِ اللّٰهِ الرَّحْمٰنِ الرَّحِيْمِ — ایاتھا 26

مَكِّيَّةٌ 68 — رکوعھا 1

هَلْ اَتٰىكَ حَدِيْثُ الْغَاشِيَةِ ﴿1﴾ ط

وُجُوْهٌ يَّوْمَئِذٍ خَاشِعَةٌ ﴿2﴾ لا عَامِلَةٌ

نَّاصِبَةٌ ﴿3﴾ لا تَصْلٰى نَارًا حَامِيَةً ﴿4﴾ لا

تُسْقٰی مِنْ عَیْنٍ اٰنِیَةٍ ﴿5﴾ لَیْسَ

لَهُمْ طَعَامٌ اِلَّا مِنْ ضَرِیْعٍ ﴿6﴾ لَّا

یُسْمِنُ وَلَا یُغْنِیْ مِنْ جُوْعٍ ﴿7﴾

وُجُوْهٌ یَّوْمَئِذٍ نَّاعِمَةٌ ﴿8﴾ لِّسَعْیِهَا

رَاضِیَةٌ ﴿9﴾ فِیْ جَنَّةٍ عَالِیَةٍ ﴿10﴾ لَّا

تَسْمَعُ فِیْهَا لَاغِیَةً ﴿11﴾ فِیْهَا عَیْنٌ

جَارِیَةٌ ﴿12﴾ فِیْهَا سُرُرٌ مَّرْفُوْعَةٌ ﴿13﴾ وقف لازم

وَّاَكْوَابٌ مَّوْضُوْعَةٌ ﴿14﴾ وَّنَمَارِقُ

مَصْفُوْفَةٌ ﴿15﴾ وَّزَرَابِیُّ مَبْثُوْثَةٌ ﴿16﴾ اَفَلَا

يَنظُرُونَ إِلَى الْإِبِلِ كَيْفَ خُلِقَتْ (17) وقفة

وَإِلَى السَّمَاءِ كَيْفَ رُفِعَتْ (18) وقفة وَإِلَى

الْجِبَالِ كَيْفَ نُصِبَتْ (19) وقفة وَإِلَى الْأَرْضِ

كَيْفَ سُطِحَتْ (20) فَذَكِّرْ قف إِنَّمَا أَنتَ

مُذَكِّرٌ (21) ط لَّسْتَ عَلَيْهِم بِمُصَيْطِرٍ (22) لا

إِلَّا مَن تَوَلَّىٰ وَكَفَرَ (23) لا فَيُعَذِّبُهُ اللَّهُ

الْعَذَابَ الْأَكْبَرَ (24) ط إِنَّ إِلَيْنَا إِيَابَهُمْ (25) لا

ثُمَّ إِنَّ عَلَيْنَا حِسَابَهُم (26) ع

ع 1 26 13 النصف

87 سُورَةُ الْأَعْلَىٰ مَكِّيَّةٌ 8 — بِسْمِ اللَّهِ الرَّحْمَٰنِ الرَّحِيمِ — آیاتها 19 رکوعها 1

سَبِّحِ اسْمَ رَبِّكَ الْاَعْلَى ۙ (1) الَّذِیْ
خَلَقَ فَسَوّٰى ۙ (2) وَالَّذِیْ قَدَّرَ
فَهَدٰى ۙ (3) وَالَّذِیْۤ اَخْرَجَ الْمَرْعٰى ۙ (4)
فَجَعَلَهٗ غُثَآءً اَحْوٰى ؕ (5) سَنُقْرِئُكَ
فَلَا تَنْسٰۤى ۙ (6) اِلَّا مَا شَآءَ اللّٰهُ ؕ اِنَّهٗ
يَعْلَمُ الْجَهْرَ وَمَا يَخْفٰى ؕ (7) وَنُيَسِّرُكَ
لِلْيُسْرٰى ۚ (8) فَذَكِّرْ اِنْ نَّفَعَتِ
الذِّكْرٰى ؕ (9) سَيَذَّكَّرُ مَنْ يَّخْشٰى ۙ (10)
وَيَتَجَنَّبُهَا الْاَشْقَى ۙ (11) الَّذِیْ يَصْلَى

النَّارَ الْكُبْرٰى ﴿12﴾ ثُمَّ لَا يَمُوْتُ فِيْهَا
وَلَا يَحْيٰى ﴿13﴾ قَدْ اَفْلَحَ مَنْ تَزَكّٰى ﴿14﴾
وَ ذَكَرَ اسْمَ رَبِّهٖ فَصَلّٰى ﴿15﴾ بَلْ
تُؤْثِرُوْنَ الْحَيٰوةَ الدُّنْيَا ﴿16﴾ وَالْاٰخِرَةُ
خَيْرٌ وَّاَبْقٰى ﴿17﴾ اِنَّ هٰذَا لَفِى الصُّحُفِ
الْاُوْلٰى ﴿18﴾ صُحُفِ اِبْرٰهِيْمَ وَمُوْسٰى ﴿19﴾ ع 1 19/12

86 سُوْرَةُ الطَّارِقِ — مَكِّيَّةٌ 36 — اٰياتها 17 — ركوعها 1

بِسْمِ اللّٰهِ الرَّحْمٰنِ الرَّحِيْمِ

وَالسَّمَآءِ وَالطَّارِقِ ﴿1﴾ وَمَآ اَدْرٰىكَ
مَا الطَّارِقُ ﴿2﴾ النَّجْمُ الثَّاقِبُ ﴿3﴾

اِنْ كُلُّ نَفْسٍ لَّمَّا عَلَيْهَا حَافِظٌ ﴿4﴾ ط

فَلْيَنْظُرِ الْاِنْسَانُ مِمَّ خُلِقَ ﴿5﴾ ط

خُلِقَ مِنْ مَّآءٍ دَافِقٍ ﴿6﴾ لا يَّخْرُجُ

مِنْ بَيْنِ الصُّلْبِ وَالتَّرَآئِبِ ﴿7﴾ ط

اِنَّهٗ عَلٰى رَجْعِهٖ لَقَادِرٌ ﴿8﴾ ط يَوْمَ

تُبْلَى السَّرَآئِرُ ﴿9﴾ لا فَمَا لَهٗ مِنْ قُوَّةٍ

وَّلَا نَاصِرٍ ﴿10﴾ ط وَالسَّمَآءِ ذَاتِ الرَّجْعِ ﴿11﴾ لا

وَالْاَرْضِ ذَاتِ الصَّدْعِ ﴿12﴾ لا اِنَّهٗ لَقَوْلٌ

فَصْلٌ ﴿13﴾ لا وَّمَا هُوَ بِالْهَزْلِ ﴿14﴾ ط اِنَّهُمْ

يَكِيْدُوْنَ كَيْدًا ﴿15﴾ لا وَّاَكِيْدُ كَيْدًا ﴿16﴾ ج صلے

ع 1 17 11 فَمَهِّلِ الْكٰفِرِيْنَ اَمْهِلْهُمْ رُوَيْدًا ﴿17﴾ ع

85 سُوْرَةُ الْبُرُوْجِ مَكِّيَّةٌ 27 — بِسْمِ اللّٰهِ الرَّحْمٰنِ الرَّحِيْمِ — اٰیاتها 22 رکوعها 1

وَالسَّمَآءِ ذَاتِ الْبُرُوْجِ ﴿1﴾ لا وَالْيَوْمِ

الْمَوْعُوْدِ ﴿2﴾ لا وَشَاهِدٍ وَّمَشْهُوْدٍ ﴿3﴾ ط

قُتِلَ اَصْحٰبُ الْاُخْدُوْدِ ﴿4﴾ لا النَّارِ

ذَاتِ الْوَقُوْدِ ﴿5﴾ لا اِذْ هُمْ عَلَيْهَا قُعُوْدٌ ﴿6﴾ لا

وَّهُمْ عَلٰى مَا يَفْعَلُوْنَ بِالْمُؤْمِنِيْنَ

شُهُوْدٌ ﴿7﴾ ط وَمَا نَقَمُوْا مِنْهُمْ اِلَّآ اَنْ

يُّؤْمِنُوْا بِاللّٰهِ الْعَزِيْزِ الْحَمِيْدِ ﴿8﴾ لا

الَّذِيْ لَهٗ مُلْكُ السَّمٰوٰتِ وَالْاَرْضِ ؕ

وَاللّٰهُ عَلٰى كُلِّ شَيْءٍ شَهِيْدٌ ﴿9﴾ؕ اِنَّ

الَّذِيْنَ فَتَنُوا الْمُؤْمِنِيْنَ وَالْمُؤْمِنٰتِ

ثُمَّ لَمْ يَتُوْبُوْا فَلَهُمْ عَذَابُ جَهَنَّمَ

وَلَهُمْ عَذَابُ الْحَرِيْقِ ﴿10﴾ؕ اِنَّ الَّذِيْنَ

اٰمَنُوْا وَعَمِلُوا الصّٰلِحٰتِ لَهُمْ جَنّٰتٌ

تَجْرِيْ مِنْ تَحْتِهَا الْاَنْهٰرُ ؕ 5 ذٰلِكَ

الْفَوْزُ الْكَبِيْرُ ﴿11﴾ؕ اِنَّ بَطْشَ رَبِّكَ

اٰیۃ حمصیۃ 12

لَشَدِيْدٌ ؕ (12) اِنَّهٗ هُوَ يُبْدِئُ وَيُعِيْدُ ۚ (13)

وَهُوَ الْغَفُوْرُ الْوَدُوْدُ ۙ (14) ذُو الْعَرْشِ

الْمَجِيْدُ ۙ (15) فَعَّالٌ لِّمَا يُرِيْدُ ؕ (16) هَلْ

اَتٰىكَ حَدِيْثُ الْجُنُوْدِ ۙ (17) فِرْعَوْنَ

وَثَمُوْدَ ؕ (18) بَلِ الَّذِيْنَ كَفَرُوْا فِيْ

تَكْذِيْبٍ ۙ (19) وَّاللّٰهُ مِنْ وَّرَآئِهِمْ

مُّحِيْطٌ ۚ (20) بَلْ هُوَ قُرْاٰنٌ مَّجِيْدٌ ۙ (21)

ع 1/22/10 فِيْ لَوْحٍ مَّحْفُوْظٍ ع (22)

84 سُوْرَةُ الْاِنْشِقَاقِ — مَكِّيَّةٌ 83

بِسْمِ اللّٰهِ الرَّحْمٰنِ الرَّحِيْمِ

اٰیاتها 25 — رکوعها 1

اِذَا السَّمَآءُ انْشَقَّتْ ۙ﴿1﴾ وَاَذِنَتْ لِرَبِّهَا

وَحُقَّتْ ۙ﴿2﴾ وَاِذَا الْاَرْضُ مُدَّتْ ؕ﴿3﴾

وَاَلْقَتْ مَا فِيْهَا وَتَخَلَّتْ ۙ﴿4﴾ وَاَذِنَتْ

لِرَبِّهَا وَحُقَّتْ ؕ﴿5﴾ يٰٓاَيُّهَا الْاِنْسَانُ

اِنَّكَ كَادِحٌ اِلٰى رَبِّكَ كَدْحًا

فَمُلٰقِيْهِ ۚ﴿6﴾ فَاَمَّا مَنْ اُوْتِىَ كِتٰبَهٗ

بِيَمِيْنِهٖ ۙ﴿7﴾ فَسَوْفَ يُحَاسَبُ حِسَابًا

يَّسِيْرًا ۙ﴿8﴾ وَّيَنْقَلِبُ اِلٰٓى اَهْلِهٖ مَسْرُوْرًا ؕ﴿9﴾

وَاَمَّا مَنْ اُوْتِىَ كِتٰبَهٗ وَرَآءَ ظَهْرِهٖ ۙ﴿10﴾

فَسَوْفَ يَدْعُوْا ثُبُوْرًا ۙ﴿11﴾ وَّيَصْلٰى

سَعِيْرًا ؕ﴿12﴾ اِنَّهٗ كَانَ فِيْٓ اَهْلِهٖ

مَسْرُوْرًا ؕ﴿13﴾ اِنَّهٗ ظَنَّ اَنْ لَّنْ يَّحُوْرَ ۚ﴿14﴾

بَلٰٓى ۚ اِنَّ رَبَّهٗ كَانَ بِهٖ بَصِيْرًا ؕ﴿15﴾ معانقة 17

فَلَآ اُقْسِمُ بِالشَّفَقِ ۙ﴿16﴾ وَالَّيْلِ وَمَا

وَسَقَ ۙ﴿17﴾ وَالْقَمَرِ اِذَا اتَّسَقَ ۙ﴿18﴾ لَتَرْكَبُنَّ

طَبَقًا عَنْ طَبَقٍ ؕ﴿19﴾ فَمَا لَهُمْ لَا

يُؤْمِنُوْنَ ۙ﴿20﴾ وَاِذَا قُرِئَ عَلَيْهِمُ الْقُرْاٰنُ

السجدة

لَا يَسْجُدُوْنَ ؕ﴿21﴾ بَلِ الَّذِيْنَ كَفَرُوْا السجدة 13

يُكَذِّبُوْنَ ﴿22﴾ صلے وَاللّٰهُ اَعْلَمُ بِمَا

يُوْعُوْنَ ﴿23﴾ صلے فَبَشِّرْهُمْ بِعَذَابٍ اَلِيْمٍ ﴿24﴾ لا

اِلَّا الَّذِيْنَ اٰمَنُوْا وَعَمِلُوا الصّٰلِحٰتِ

لَهُمْ اَجْرٌ غَيْرُ مَمْنُوْنٍ ﴿25﴾ ع ع 1 25 9

83 سُوْرَةُ الْمُطَفِّفِيْنَ مَكِّيَّةٌ 86

بِسْمِ اللّٰهِ الرَّحْمٰنِ الرَّحِيْمِ

اٰياتها 36 رکوعها 1

وَيْلٌ لِّلْمُطَفِّفِيْنَ ﴿1﴾ لا الَّذِيْنَ اِذَا

اكْتَالُوْا عَلَى النَّاسِ يَسْتَوْفُوْنَ ﴿2﴾ صلے وَاِذَا

كَالُوْهُمْ اَوْ وَّزَنُوْهُمْ يُخْسِرُوْنَ ﴿3﴾ ط

اَلَا يَظُنُّ اُولٰٓئِكَ اَنَّهُمْ مَّبْعُوْثُوْنَ ﴿4﴾ لا

لِيَوْمٍ عَظِيْمٍ ﴿5﴾ يَّوْمَ يَقُوْمُ النَّاسُ
لِرَبِّ الْعٰلَمِيْنَ ﴿6﴾ كَلَّآ اِنَّ كِتٰبَ
الْفُجَّارِ لَفِيْ سِجِّيْنٍ ﴿7﴾ وَمَآ اَدْرٰىكَ
مَا سِجِّيْنٌ ﴿8﴾ كِتٰبٌ مَّرْقُوْمٌ ﴿9﴾ وَيْلٌ
يَّوْمَئِذٍ لِّلْمُكَذِّبِيْنَ ﴿10﴾ الَّذِيْنَ
يُكَذِّبُوْنَ بِيَوْمِ الدِّيْنِ ﴿11﴾ وَمَا يُكَذِّبُ
بِهٖٓ اِلَّا كُلُّ مُعْتَدٍ اَثِيْمٍ ﴿12﴾ اِذَا
تُتْلٰى عَلَيْهِ اٰيٰتُنَا قَالَ اَسَاطِيْرُ
الْاَوَّلِيْنَ ﴿13﴾ كَلَّا بَلْ سكتة رَانَ عَلٰى قُلُوْبِهِمْ

مَّا كَانُوْا يَكْسِبُوْنَ ﴿14﴾ كَلَّآ اِنَّهُمْ
عَنْ رَّبِّهِمْ يَوْمَئِذٍ لَّمَحْجُوْبُوْنَ ﴿15﴾ ط
ثُمَّ اِنَّهُمْ لَصَالُوا الْجَحِيْمِ ﴿16﴾ ط
ثُمَّ يُقَالُ هٰذَا الَّذِىْ كُنْتُمْ
بِهٖ تُكَذِّبُوْنَ ﴿17﴾ ط كَلَّآ اِنَّ كِتٰبَ
الْاَبْرَارِ لَفِىْ عِلِّيِّيْنَ ﴿18﴾ ط وَمَآ
اَدْرٰىكَ مَا عِلِّيُّوْنَ ﴿19﴾ ط كِتٰبٌ
مَّرْقُوْمٌ ﴿20﴾ لا يَّشْهَدُهُ الْمُقَرَّبُوْنَ ﴿21﴾ ط
اِنَّ الْاَبْرَارَ لَفِىْ نَعِيْمٍ ﴿22﴾ لا عَلَى

الْاَرَآئِكِ يَنْظُرُوْنَ ۙ (23) تَعْرِفُ فِيْ

وُجُوْهِهِمْ نَضْرَةَ النَّعِيْمِ ۚ (24) يُسْقَوْنَ

مِنْ رَّحِيْقٍ مَّخْتُوْمٍ ۙ (25) خِتٰمُهٗ مِسْكٌ ؕ

وَفِيْ ذٰلِكَ فَلْيَتَنَافَسِ الْمُتَنَافِسُوْنَ ؕ (26)

وَمِزَاجُهٗ مِنْ تَسْنِيْمٍ ۙ (27) عَيْنًا

يَّشْرَبُ بِهَا الْمُقَرَّبُوْنَ ؕ (28) اِنَّ

الَّذِيْنَ اَجْرَمُوْا كَانُوْا مِنَ الَّذِيْنَ

اٰمَنُوْا يَضْحَكُوْنَ ۖ (29) وَاِذَا مَرُّوْا بِهِمْ

يَتَغَامَزُوْنَ ۖ (30) وَاِذَا انْقَلَبُوْٓا اِلٰٓى

اَهْلِهِمُ انْقَلَبُوْا فَكِهِيْنَ ۖ﴿31﴾ وَاِذَا

رَاَوْهُمْ قَالُوْٓا اِنَّ هٰٓؤُلَآءِ لَضَآلُّوْنَ ﴿32﴾ لا

وَمَآ اُرْسِلُوْا عَلَيْهِمْ حٰفِظِيْنَ ﴿33﴾ ط

فَالْيَوْمَ الَّذِيْنَ اٰمَنُوْا مِنَ الْكُفَّارِ

يَضْحَكُوْنَ ﴿34﴾ لا عَلَى الْاَرَآئِكِ لا

يَنْظُرُوْنَ ﴿35﴾ ط هَلْ ثُوِّبَ الْكُفَّارُ

مَا كَانُوْا يَفْعَلُوْنَ ﴿36﴾ ع — ع 1 36/8

82 سُوْرَةُ الْاِنْفِطَارِ مَكِّيَّةٌ 82 — بِسْمِ اللّٰهِ الرَّحْمٰنِ الرَّحِيْمِ — اٰياتها 19 ركوعها 1

اِذَا السَّمَآءُ انْفَطَرَتْ ﴿1﴾ لا وَاِذَا

الْكَوَاكِبُ انْتَثَرَتْ ﴿2﴾ وَإِذَا الْبِحَارُ
فُجِّرَتْ ﴿3﴾ وَإِذَا الْقُبُورُ بُعْثِرَتْ ﴿4﴾
عَلِمَتْ نَفْسٌ مَّا قَدَّمَتْ وَأَخَّرَتْ ﴿5﴾
يَا أَيُّهَا الْإِنْسَانُ مَا غَرَّكَ بِرَبِّكَ
الْكَرِيمِ ﴿6﴾ الَّذِي خَلَقَكَ فَسَوّٰكَ
فَعَدَلَكَ ﴿7﴾ فِي أَيِّ صُورَةٍ مَّا شَآءَ
رَكَّبَكَ ﴿8﴾ كَلَّا بَلْ تُكَذِّبُونَ بِالدِّينِ ﴿9﴾
وَإِنَّ عَلَيْكُمْ لَحٰفِظِينَ ﴿10﴾ كِرَامًا
كَاتِبِينَ ﴿11﴾ يَعْلَمُونَ مَا تَفْعَلُونَ ﴿12﴾

اِنَّ الْاَبْرَارَ لَفِیْ نَعِیْمٍ ﴿13﴾ ج وَاِنَّ

الْفُجَّارَ لَفِیْ جَحِیْمٍ ﴿14﴾ ج صلے یَّصْلَوْنَهَا یَوْمَ

الدِّیْنِ ﴿15﴾ وَمَا هُمْ عَنْهَا بِغَآىِٕبِیْنَ ﴿16﴾ ط

وَمَآ اَدْرٰىكَ مَا یَوْمُ الدِّیْنِ ﴿17﴾ لا ثُمَّ

مَآ اَدْرٰىكَ مَا یَوْمُ الدِّیْنِ ﴿18﴾ ط یَوْمَ

لَا تَمْلِكُ نَفْسٌ لِّنَفْسٍ شَیْــًٔا ط وَالْاَمْرُ

یَوْمَىِٕذٍ لِّلّٰهِ ﴿19﴾ ع رکوع 1 19/7

81 سُوْرَةُ التَّكْوِيْرِ مَكِّيَّةٌ 7 — بِسْمِ اللّٰهِ الرَّحْمٰنِ الرَّحِيْمِ — اٰیاتها 29 رکوعها 1

اِذَا الشَّمْسُ كُوِّرَتْ ﴿1﴾ لا ص وَاِذَا النُّجُوْمُ

انْكَدَرَتْ ۝2 وَإِذَا الْجِبَالُ سُيِّرَتْ ۝3
وَإِذَا الْعِشَارُ عُطِّلَتْ ۝4 وَإِذَا
الْوُحُوشُ حُشِرَتْ ۝5 وَإِذَا الْبِحَارُ
سُجِّرَتْ ۝6 وَإِذَا النُّفُوسُ زُوِّجَتْ ۝7
وَإِذَا الْمَوْءُدَةُ سُئِلَتْ ۝8 بِأَيِّ
ذَنْبٍ قُتِلَتْ ۝9 وَإِذَا الصُّحُفُ
نُشِرَتْ ۝10 وَإِذَا السَّمَآءُ كُشِطَتْ ۝11
وَإِذَا الْجَحِيمُ سُعِّرَتْ ۝12 وَإِذَا
الْجَنَّةُ أُزْلِفَتْ ۝13 عَلِمَتْ نَفْسٌ

مَّآ اَحْضَرَتْ ﴿14﴾ۭ فَلَآ اُقْسِمُ بِالْخُنَّسِ ﴿15﴾ۙ
الْجَوَارِ الْكُنَّسِ ﴿16﴾ۙ وَالَّيْلِ اِذَا
عَسْعَسَ ﴿17﴾ۙ وَالصُّبْحِ اِذَا تَنَفَّسَ ﴿18﴾ۙ
اِنَّهٗ لَقَوْلُ رَسُوْلٍ كَرِيْمٍ ﴿19﴾ۙ
ذِيْ قُوَّةٍ عِنْدَ ذِي الْعَرْشِ
مَكِيْنٍ ﴿20﴾ۙ مُّطَاعٍ ثَمَّ اَمِيْنٍ ﴿21﴾ۭ
وَمَا صَاحِبُكُمْ بِمَجْنُوْنٍ ﴿22﴾ۚ وَلَقَدْ
رَاٰهُ بِالْاُفُقِ الْمُبِيْنِ ﴿23﴾ۚ وَمَا هُوَ
عَلَى الْغَيْبِ بِضَنِيْنٍ ﴿24﴾ۚ وَمَا هُوَ

بِقَوْلِ شَيْطٰنٍ رَّجِيْمٍ ۙ﴿25﴾ فَاَيْنَ

تَذْهَبُوْنَ ؕ﴿26﴾ اِنْ هُوَ اِلَّا ذِكْرٌ

لِّلْعٰلَمِيْنَ ۙ﴿27﴾ لِمَنْ شَآءَ مِنْكُمْ

اَنْ يَّسْتَقِيْمَ ؕ﴿28﴾ وَمَا تَشَآءُوْنَ اِلَّآ

اَنْ يَّشَآءَ اللّٰهُ رَبُّ الْعٰلَمِيْنَ ع ﴿29﴾ ع 1 29 6

80 سُوْرَةُ عَبَسَ — اٰياتها 42

بِسْمِ اللّٰهِ الرَّحْمٰنِ الرَّحِيْمِ

مَكِّيَّةٌ 24 — ركوعها 1

عَبَسَ وَتَوَلّٰٓى ۙ﴿1﴾ اَنْ جَآءَهُ الْاَعْمٰى ؕ﴿2﴾

وَمَا يُدْرِيْكَ لَعَلَّهٗ يَزَّكّٰٓى ۙ﴿3﴾ اَوْ

يَذَّكَّرُ فَتَنْفَعَهُ الذِّكْرٰى ؕ﴿4﴾ اَمَّا

مَنِ اسْتَغْنٰى ﴿5﴾ فَاَنْتَ لَهٗ تَصَدّٰى ﴿6﴾

وَمَا عَلَيْكَ اَلَّا يَزَّكّٰى ﴿7﴾ وَاَمَّا مَنْ

جَآءَكَ يَسْعٰى ﴿8﴾ وَهُوَ يَخْشٰى ﴿9﴾

فَاَنْتَ عَنْهُ تَلَهّٰى ﴿10﴾ كَلَّآ اِنَّهَا

تَذْكِرَةٌ ﴿11﴾ فَمَنْ شَآءَ ذَكَرَهٗ ﴿12﴾ وقف لازم

فِىْ صُحُفٍ مُّكَرَّمَةٍ ﴿13﴾ مَّرْفُوْعَةٍ

مُّطَهَّرَةٍۭ ﴿14﴾ بِاَيْدِىْ سَفَرَةٍ ﴿15﴾ كِرَامٍۭ

بَرَرَةٍ ﴿16﴾ قُتِلَ الْاِنْسَانُ مَآ اَكْفَرَهٗ ﴿17﴾

مِنْ اَىِّ شَىْءٍ خَلَقَهٗ ﴿18﴾ مِنْ

نُّطْفَةٍ ۭ خَلَقَهٗ فَقَدَّرَهٗ ۙ﴿19﴾ ثُمَّ

السَّبِيْلَ يَسَّرَهٗ ۙ﴿20﴾ ثُمَّ اَمَاتَهٗ

فَاَقْبَرَهٗ ۙ﴿21﴾ ثُمَّ اِذَا شَآءَ اَنْشَرَهٗ ۭ﴿22﴾

كَلَّا لَمَّا يَقْضِ مَآ اَمَرَهٗ ۭ﴿23﴾ فَلْيَنْظُرِ

الْاِنْسَانُ اِلٰى طَعَامِهٖٓ ۙ﴿24﴾ اَنَّا

صَبَبْنَا الْمَآءَ صَبًّا ۙ﴿25﴾ ثُمَّ شَقَقْنَا

الْاَرْضَ شَقًّا ۙ﴿26﴾ فَاَنْۢبَتْنَا فِيْهَا

حَبًّا ۙ﴿27﴾ وَّعِنَبًا وَّقَضْبًا ۙ﴿28﴾ وَّزَيْتُوْنًا

وَّنَخْلًا ۙ﴿29﴾ وَّحَدَاۗىِٕقَ غُلْبًا ۙ﴿30﴾ وَّفَاكِهَةً

وَّاَبًّا ۙ﴿31﴾ مَّتَاعًا لَّكُمْ وَلِاَنْعَامِكُمْ ؕ﴿32﴾

فَاِذَا جَآءَتِ الصَّآخَّةُ ۡ﴿33﴾ يَوْمَ

يَفِرُّ الْمَرْءُ مِنْ اَخِيْهِ ۙ﴿34﴾ وَاُمِّهٖ

وَاَبِيْهِ ۙ﴿35﴾ وَصَاحِبَتِهٖ وَبَنِيْهِ ؕ﴿36﴾

لِكُلِّ امْرِئٍ مِّنْهُمْ يَوْمَىِٕذٍ

شَاْنٌ يُّغْنِيْهِ ؕ﴿37﴾ وُجُوْهٌ يَّوْمَىِٕذٍ

مُّسْفِرَةٌ ۙ﴿38﴾ ضَاحِكَةٌ مُّسْتَبْشِرَةٌ ۚ﴿39﴾

وَوُجُوْهٌ يَّوْمَىِٕذٍ عَلَيْهَا غَبَرَةٌ ۙ﴿40﴾

تَرْهَقُهَا قَتَرَةٌ ؕ﴿41﴾ اُولٰٓىِٕكَ هُمُ

ع 1 42 5

اَلْكَفَرَةُ الْفَجَرَةُ ﴿42﴾ ع

79 سُوْرَةُ النّٰزِعٰتِ مَكِّيَّةٌ 81

بِسْمِ اللّٰهِ الرَّحْمٰنِ الرَّحِيْمِ

اٰياتها 46 ركوعاتها 2

وَالنّٰزِعٰتِ غَرْقًا ۙ﴿1﴾ وَّالنّٰشِطٰتِ
نَشْطًا ۙ﴿2﴾ وَّالسّٰبِحٰتِ سَبْحًا ۙ﴿3﴾
فَالسّٰبِقٰتِ سَبْقًا ۙ﴿4﴾ فَالْمُدَبِّرٰتِ
وقف لازم اَمْرًا ﴿5﴾ يَوْمَ تَرْجُفُ الرَّاجِفَةُ ۙ﴿6﴾
تَتْبَعُهَا الرَّادِفَةُ ؕ﴿7﴾ قُلُوْبٌ يَّوْمَئِذٍ
وقف لازم وَّاجِفَةٌ ۙ﴿8﴾ اَبْصَارُهَا خَاشِعَةٌ ﴿9﴾
يَقُوْلُوْنَ ءَاِنَّا لَمَرْدُوْدُوْنَ فِي

الْحَافِرَةِ ؕ ﴿10﴾ ءَاِذَا كُنَّا عِظَامًا

نَّخِرَةً ؕ ﴿11﴾ قَالُوْا تِلْكَ اِذًا كَرَّةٌ

خَاسِرَةٌ ۘ ﴿12﴾ فَاِنَّمَا هِيَ زَجْرَةٌ وقف لازم

وَّاحِدَةٌ ۙ ﴿13﴾ فَاِذَا هُمْ بِالسَّاهِرَةِ ؕ ﴿14﴾

هَلْ اَتٰىكَ حَدِيْثُ مُوْسٰى ۘ ﴿15﴾ وقف لازم

اِذْ نَادٰىهُ رَبُّهٗ بِالْوَادِ الْمُقَدَّسِ

طُوًى ۚ ﴿16﴾ اِذْهَبْ اِلٰى فِرْعَوْنَ

اِنَّهٗ طَغٰى ۖ ﴿17﴾ فَقُلْ هَلْ لَّكَ اِلٰٓى

اَنْ تَزَكّٰى ۙ ﴿18﴾ وَاَهْدِيَكَ اِلٰى

رَبِّكَ فَتَخۡشٰى ﴿19﴾ ج فَاَرٰىهُ الۡاٰيَةَ

الۡكُبۡرٰى ﴿20﴾ صلے فَكَذَّبَ وَعَصٰى ﴿21﴾ صلے ثُمَّ

اَدۡبَرَ يَسۡعٰى ﴿22﴾ صلے فَحَشَرَ فَنَادٰى ﴿23﴾ صلے

فَقَالَ اَنَا رَبُّكُمُ الۡاَعۡلٰى ﴿24﴾ صلے

فَاَخَذَهُ اللّٰهُ نَكَالَ الۡاٰخِرَةِ

وَالۡاُوۡلٰى ﴿25﴾ ط اِنَّ فِيۡ ذٰلِكَ لَعِبۡرَةً

ع 1 26 3 لِّمَنۡ يَّخۡشٰى ﴿26﴾ ط ع ءَاَنۡتُمۡ اَشَدُّ خَلۡقًا

اَمِ السَّمَآءُ ط بَنٰهَا ﴿27﴾ وقفة رَفَعَ سَمۡكَهَا

فَسَوّٰىهَا ﴿28﴾ لا وَاَغۡطَشَ لَيۡلَهَا وَاَخۡرَجَ

ضُحٰىهَا ﴿29﴾ وَالْاَرْضَ بَعْدَ ذٰلِكَ
دَحٰىهَا ﴿30﴾ اَخْرَجَ مِنْهَا مَآءَهَا
وَمَرْعٰىهَا ﴿31﴾ وَالْجِبَالَ اَرْسٰىهَا ﴿32﴾
مَتَاعًا لَّكُمْ وَلِاَنْعَامِكُمْ ﴿33﴾ فَاِذَا
جَآءَتِ الطَّآمَّةُ الْكُبْرٰى ﴿34﴾ يَوْمَ
يَتَذَكَّرُ الْاِنْسَانُ مَا سَعٰى ﴿35﴾
وَبُرِّزَتِ الْجَحِيْمُ لِمَنْ يَّرٰى ﴿36﴾
فَاَمَّا مَنْ طَغٰى ﴿37﴾ وَاٰثَرَ الْحَيٰوةَ
الدُّنْيَا ﴿38﴾ فَاِنَّ الْجَحِيْمَ هِيَ

الْمَاْوٰىؕ ﴿39﴾ وَ اَمَّا مَنْ خَافَ

مَقَامَ رَبِّهٖ وَ نَهَى النَّفْسَ عَنِ

الْهَوٰىۙ ﴿40﴾ فَاِنَّ الْجَنَّةَ هِيَ

الْمَاْوٰىؕ ﴿41﴾ يَسْـَٔلُوْنَكَ عَنِ السَّاعَةِ

اَيَّانَ مُرْسٰىهَاؕ ﴿42﴾ فِيْمَ اَنْتَ مِنْ

ذِكْرٰىهَاؕ ﴿43﴾ اِلٰى رَبِّكَ مُنْتَهٰىهَاؕ ﴿44﴾

اِنَّمَاۤ اَنْتَ مُنْذِرُ مَنْ يَّخْشٰىهَاؕ ﴿45﴾

كَاَنَّهُمْ يَوْمَ يَرَوْنَهَا لَمْ يَلْبَثُوْۤا

ع 2 20 4 اِلَّا عَشِيَّةً اَوْ ضُحٰىهَا ﴿46﴾ ع

الجزء الثلاثون 30

78 سُوْرَةُ النَّبَاِ مَكِّيَّةٌ 80

بِسْمِ اللّٰهِ الرَّحْمٰنِ الرَّحِيْمِ

اٰیاتها 40 رکوعاتها 2

عَمَّ يَتَسَآءَلُوْنَ ﴿1﴾ عَنِ النَّبَاِ
الْعَظِيْمِ ﴿2﴾ الَّذِيْ هُمْ فِيْهِ
مُخْتَلِفُوْنَ ﴿3﴾ كَلَّا سَيَعْلَمُوْنَ ﴿4﴾
ثُمَّ كَلَّا سَيَعْلَمُوْنَ ﴿5﴾ اَلَمْ
نَجْعَلِ الْاَرْضَ مِهٰدًا ﴿6﴾ وَّالْجِبَالَ
اَوْتَادًا ﴿7﴾ وَّخَلَقْنٰكُمْ اَزْوَاجًا ﴿8﴾
وَّجَعَلْنَا نَوْمَكُمْ سُبَاتًا ﴿9﴾ وَّجَعَلْنَا
الَّيْلَ لِبَاسًا ﴿10﴾ وَّجَعَلْنَا النَّهَارَ

مَعَاشًا ⑪ وَّبَنَيۡنَا فَوۡقَكُمۡ
سَبۡعًا شِدَادًا ⑫ وَّجَعَلۡنَا
سِرَاجًا وَّهَّاجًا ⑬ وَّاَنۡزَلۡنَا
مِنَ الۡمُعۡصِرٰتِ مَآءً ثَجَّاجًا ⑭
لِّنُخۡرِجَ بِهٖ حَبًّا وَّنَبَاتًا ⑮
وَّجَنّٰتٍ اَلۡفَافًا ⑯ اِنَّ يَوۡمَ
الۡفَصۡلِ كَانَ مِيۡقَاتًا ⑰ يَّوۡمَ
يُنۡفَخُ فِى الصُّوۡرِ فَتَاۡتُوۡنَ
اَفۡوَاجًا ⑱ وَّفُتِحَتِ السَّمَآءُ

فَكَانَتۡ اَبۡوَابًا ﴿19﴾ وَّسُيِّرَتِ

الۡجِبَالُ فَكَانَتۡ سَرَابًا ﴿20﴾

اِنَّ جَهَنَّمَ كَانَتۡ مِرۡصَادًا ﴿21﴾

لِّلطّٰغِيۡنَ مَاٰبًا ﴿22﴾ لّٰبِثِيۡنَ

فِيۡهَاۤ اَحۡقَابًا ﴿23﴾ لَا يَذُوۡقُوۡنَ

فِيۡهَا بَرۡدًا وَّلَا شَرَابًا ﴿24﴾ اِلَّا

حَمِيۡمًا وَّغَسَّاقًا ﴿25﴾ جَزَآءً وِّفَاقًا ﴿26﴾

اِنَّهُمۡ كَانُوۡا لَا يَرۡجُوۡنَ حِسَابًا ﴿27﴾

وَّكَذَّبُوۡا بِاٰيٰتِنَا كِذَّابًا ﴿28﴾ وَكُلَّ

شَیْءٍ اَحْصَیْنٰهُ كِتٰبًا ۙ﴿29﴾ فَذُوْقُوْا

فَلَنْ نَّزِیْدَكُمْ اِلَّا عَذَابًا ﴿30﴾ ع ع 1 30 1

اِنَّ لِلْمُتَّقِیْنَ مَفَازًا ۙ﴿31﴾ حَدَآئِقَ

وَاَعْنَابًا ۙ﴿32﴾ وَّكَوَاعِبَ اَتْرَابًا ۙ﴿33﴾ وَّكَاْسًا

دِهَاقًا ؕ﴿34﴾ لَا یَسْمَعُوْنَ فِیْهَا لَغْوًا

وَّلَا كِذّٰبًا ۚ﴿35﴾ جَزَآءً مِّنْ رَّبِّكَ

عَطَآءً حِسَابًا ۙ﴿36﴾ رَّبِّ السَّمٰوٰتِ

وَالْاَرْضِ وَمَا بَیْنَهُمَا الرَّحْمٰنِ

لَا یَمْلِكُوْنَ مِنْهُ خِطَابًا ۚ﴿37﴾ یَوْمَ

يَقُوْمُ الرُّوْحُ وَ الْمَلٰٓئِكَةُ صَفًّا ۛ لا

لَّا يَتَكَلَّمُوْنَ اِلَّا مَنْ اَذِنَ لَهُ

الرَّحْمٰنُ وَ قَالَ صَوَابًا (38) ذٰلِكَ

الْيَوْمُ الْحَقُّ ج فَمَنْ شَآءَ اتَّخَذَ

اِلٰى رَبِّهٖ مَاٰبًا (39) اِنَّآ اَنْذَرْنٰكُمْ

عَذَابًا قَرِيْبًا صلے ج 5 يَّوْمَ يَنْظُرُ الْمَرْءُ

مَا قَدَّمَتْ يَدٰهُ وَ يَقُوْلُ الْكٰفِرُ

يٰلَيْتَنِيْ كُنْتُ تُرٰبًا (40) ع ع 2 10 2

www.ingramcontent.com/pod-product-compliance
Lightning Source LLC
LaVergne TN
LVHW070907051026
849558LV00046B/596
* 9 7 8 9 6 9 5 7 9 5 5 6 9 *